Kolofon
©Mathias Jansson (2018)
"Bastudikterna "
ISBN: 978-91-86915-35-3

Utgiven av:

"jag behöver inget förlag"
c/o Mathias Jansson
Tvärvägen 23
232 52 Åkarp
http://mathiasjansson72.blogspot.se/

Tryckt: Lulu.com

Dedikerad till min bror, bastubyggaren.

Bastudikterna

1.
Bröder hör min bastubön
tänd flamman
i mysteriernas kammare
offra den årstorra björken
i offereldens brunn
låt kallkällans klara vatten
rinna över svartslipade stenar
medan ångorna stiger
ur kaminens porer

Drick bröder
drick bastugudens skål
töm humlejästa guldkannor
jägarens gröna flaskor
tills du hör hur bastuguden
talar till dig
på sitt himmelska eldspråk
och han stiger fram ur dimmorna
välsignar dig
och skänker frid
över din trötta kropp.

2.
Bror min, bastubyggaren
byggde med de andra
Lindvallarna och Jansson släktet
reste väggarna
spikade panelen
la dit lavarna
bar in kaminen
tätade fogarna
inredde förrummet
strök utsidan
la papp på taket
det blev många sena kvällar
sommarljuva ljusa nätter
innan bastun stod färdig
och den första röken slingrade sig
ur skorstenen.

3.
Ur bastuns heta inre
smiter het imma
blandar sig med månens
silverstrimma
glider spöklik genom natten
över meterdjupa
frusna vatten

Himlens gnistloppor
sprakar och glimmar
i generation har de följt släkten
ensamma har vi stått
och stirrat
på vinternattens tigande ljus

Stirrat och hoppats
att en stjärna ska falla
från sitt himmelska fäste
falla i en långsam bana
mot jordens mörka näste
och uppfylla
vår innersta önskan
att få tillhöra det liv
som passerar förbi oss.

4.
Bröderna Brothers
min bror och jag
satt en kväll i bastun
inne drog sig kvicksilvret
upp mot åttio
ute var det under tjugo

Det var Norrlands Guld och Jäger
och timmen den var sen
när någon steg upp från bastulaven
på vingliga ben
och utbrast en skål
och sa:

Det här är trevligt som fan
det var länge sedan vi sågs
länge sedan vi satt så här
drack och minns
men ursäkta mig ett tag
jag måste ut och svalka mig ett slag

Stiga ut i kylan
lägga mer ner i snön
känna Norrlands
svala vinterdräkt
den kalla famnen
som format min själ

Åter få känna tystnaden och mörkret
känna ensamhetens famntag
höra skogens dova sus
när månens kysser min andedräkt

Vi satt alla tysta ett tag
tog sedan en klunk
för att stärka vårt mod
innan vi med ett tjut
gav oss ut.

5.
Utanför fönstret
flyter älven stilla idag
bakom en slöja av imma
värmer kaminen
med sprakande björk
bark och ved
brottas bakom glaset
med lågornas sken

Jag står naken
och ångar i kylan
vid stranden
som ännu är täckt av bråte
från den första höststormen

Det känns som höst idag
en vemodig himmel
har slagit läger
över vår jord
löven har naggats
med penseldrag
av guld

Flyttfåglarna
tar ett sista farväl
flyger iväg i formation
jag kryper kall tillbaka
in i värmen
kurar längst upp i hörnet
bakom slutna ögon
dröjer sig drömmen
om sommaren sig kvar.

6.
I bastuvärmen mjuknar
kroppens leder
sätter tanken i rörelse
från den skumma lavens
hetta
stiger skrönor
berättelsernas ångor
om äventyr i Amerika
skoghuggarsvält
och svåra havsstormar
något som hände i Borås
för längesen
om Näslunds tragiska öde
han som sprängde sig själv
vid bygget av tunneln

Lågmält driver berättelserna
runt bland de gamla
som nickar instämmande
någon fyller i ett tomrum
namnet på en avlägsen släkting
ett bortglömt årtal
och de unga
stirrar storögt
på flammorna i kaminen
som sprider sina drömmar
värmer dem med
gemenskapens historier
som sträcker sig
över generationer.

7.
Jag längtar Norrland
surmyrens kalla vatten
när det rinner över stövelskaftet
det ettriga knottmolnet
som ger mig rysningar
längs ryggraden
den stränga februarikylan
som örfilar upp mig
så fort jag kliver ut på farstubron

Jag längtar Norrland
midnattssolen eviga sällskap
den becksvarta tjärnen
lommens ödsliga rop
den kalla luften
som svalkar
efter vinterbastun

Jag längtar Norrland
de oändliga avstånden
landskapets variationer
tystnaden mellan människorna
älvarna som binder
allt samman
ja, jag längtar Norrland
en längtan
som brinner
för evigt i mitt inre.

8.
Stadsbastuns jämna värme
den glasade väggen
det skarpa ljuset
främmande människor
som kommer och går
som de vill

Kan det betraktas
som något annat
än en värmestuga
för badhusets gäster?

Finbastun
designad till varje skruv
med förkromade termometrar
och kopparsmidda skopor
där man sitter och jäser
efter parmiddagen

Kan det betraktas
som något annat
än en värmelåda
för 08:or?

Nä, tacka vet jag
den hembyggda bastun
där mörkret fylls av
tjutet från vedklabbarna
som pinas i den
helvetesvarma kaminen
där veklingarna skiljs
från vikingarna

och värmen som kompakt
tränger sig in i varje por
och ångan från vattnet
som bränner
ända ner i lungorna
tills du slutligen
tvingas kapitulerar
ut i den stjärnklara natten
och tacksamt bitchslapas
av minus tjugo graders kyla.

9.
Årorna droppar tysta
på den spegelblanka
tjärnen
öringen nafsar slött
efter flugan på ytan

Från ekan ser jag bastun
en vit rök som slingrar sig
upp mot den ljumma tystnaden

Dörren slås upp med en smäll
fyra frodiga kroppar
lunkar ner mot bryggan
som gungar till under tyngden
med ett rop försvinner
de ner i den
mörka avgrunden

Svallvågorna
sprider sig över tjärnen
får ekan att guppa till
innan de frustande
pustande kravlar sig upp
som lata sälar ligger de
på bryggan och flämtar
en stund efter andan.

10.
Bastuns alkemi
det hårda ämnet
veckotrötta kroppar
stelna muskler och leder
blygrå själar
som hettas upp
i träkammarens inre
förångas
mjukas upp
transpirerar
medan alkoholer tillsätts
destilleras
förbränns och renas
transformationen
när den svettiga kroppen
varmt glödande
hastigt kyls ner
och ur snön uppstiger
man som en ny människa.

11.
Släng på en skopa vett
så sa alltid Andersson
där han satt på bastulaven
och ångan steg
blåste sin heta fläkt
över våra nakna kroppar

Och så började han
berättelsen
minnen från en annan tid
sensommarens besök
vid Mosstjärnen
kvällen då öringen högg
och tystnaden lekte
med södergökens eko

Hur han stod vid tjärnen
njöt av den stilla skymningen
när plötsligt
obehaget kröp sig på honom
kallilningen klättrade
längs ryggraden

Sakta vände han sig om
såg de kalla svartögonen
som stirrade
rakt igenom honom
besten som rest sig på bakbenen
vildvrålet som steg
ur den ångande käften
den varma andedräkten
som smekte kinden

Hur nallelufsen
sedan med käftens kraft
högg en av öringarna
rak över ryggraden
och slött lufsade bort
med sitt byte
mot skogsbrynet

Kvar stod Andersson
benen skakade
kallsvetten rann längs skjortan
snabbt samlade han
ihop sina saker
lubbade med nervösa bakåtblickar
bort till bilen

Kvar på bryggan
låg de blanka öringarna
och glittrade
i den sista kvällssolen.

12.
Som en liten parvel
satt jag längst ner på laven
närmast dörren
lägst i rangordningen

Jag minns än invitationen
att få komma upp
känna ett slag på framtiden
den outhärdliga värmen
ett kort ögonblick
av envis stålsättning
när man knep ihop ögonen
försökte härda ut
innan man till slut
förnedrad tvingades rusa ut
till det bullrande skrattet

Känslan av revansch
när man med åren klättrade
uppåt mot värmen
till den åtråvärda
hörnplatsen
där skuggorna ruvade
och värmedjävulen lurade

Där de gamla alltid satt
och njöt av hettan
oberörda nickande
när en skopa till
kastades på kaminen

Så sitter jag själv
till slut här i hörnet
högst upp på bastutronen
känner värmen
och mörkret
som smyger sig på

Den skrynkliga kroppen
plågad av krämpor
som sakta sjunker in
i den tysta skuggan
och uppslukas av värmen.

13.
Vi sitter i mellanrummet
där vinterkylan blandas
med hettan från bastun
den behagliga kompromissen
balansen
mellan ytterligheterna

En kall öl
en kryddig korv
i väntan på att
temperaturen ska jämnas ut
i den rödflammiga kroppen

Några skämt
ett allvarsord
en stund för reflektion
i väntan på att livet
ska starta om på nytt.

14.
Efter jullunchen med sill och skinka
då går vi ner
tänder upp en brasa
på noga utvald björk
med täta årsringar
låter värmen stiga
upp mot taket

Tar en klar sup
som stått sig sval
i snödrivan utanför
önskar varandra
en God Jul
knäcker en kapsyl
från något jämtländskt mikrobryggeri
stoppar in en bunt
enriskvistar i brasan
kropparna svettas
medan doften
av jul sprider sig

Lagom varma
kommer vi tillbaka
till Kalle och hans vänner
sjunker ner i soffan
nickar instämmande
till varandra
att nu är det jul

Några dagar av frid och ro
innan nyårsfirandet tar vid
då årets sista bastu eldas
den som ska rena kroppen
och driva ut det förgångna.

15.
Hallå där på andra sidan
här sitter en ångermanlänning
under en sol som aldrig vill gå hem
och minns gamla tider
med ett glas i sin hand
med smak av älvens vatten
bastutjära och skog

Hallå där på andra sidan
jag kan se skorstenen
där maltröken sipprar ut
och lagren där tunnorna
ligger på rad
i väntan på en
törstig ångermanlänning
som jag

Hallå där på andra sidan
en midsommarskål
från en nybastad man
i sina bästa år
med ett whiskeyglas i sin hand
och med svetten som ännu
ligger kvar på hans arm.

16.
Bastubadaren följer årstidernas cykler
våren då man blir stående
fångad av fåglarnas sång
i vårsolens varma strålar
tills vinden
fortfarande kylig från älven
jagar in en i värmen

Sommarens ljusa nätter
när man blir liggande
guppande i den svalkande viken
drar sig för att krypa in
i det varma dunklet

Hösten när vindarna viner
genom bastuns springor
får elden att flämta till
och hämta nya krafter
länge blir man sittande
tvekande inför besöket
den gråmulna snålblåsten
som väntar utanför dörren

Vintern men sina skarpa kontraster
ett springande mellan hetta och kyla
bastun som eldas rödglödgad
ången som slår upp i ansiktet
fötterna som skriker av smärta
som kalla ryker på laven
efter att man återvänt
från den isande kylan.

17.
Årets sista natt
en stjärnklar historia
efter nyårssupén
på potatis, bearnaisesås
en fin kotlett
och ett glas rött
sitter vi och våndas
pressar oss till det yttersta
i väntan på årets sista minut

Kvicksilvret drar sig långsamt
upp mot nittio grader
så slår klocka tolv
och vi stiger ut
ångande möter vi
årets första dag
höjer en burk guld
till en broderlig skål
och utbrister traditionsenligt
vårt nyårsvrål.

18.
Under sommaren sågade
och sågade vi
klöv och klöv
svettades och stapplade
vedträna i vedboden

När vintern kom
tog vi ett famntag
torr ved
och eldade kaminen
och svettades
på samma vedträn igen.

19.
Mer vatten!
mer vatten på elden!
ångan fyller rummet
trycket ökar
tungan löper lättare
i munnen
historiernas börja berättas av sig själva
skuggorna framträder
på väggen

Barndomsminnen
äventyr i ungdomen
sorgerna och bekymren
glädjen och skratten
allt som livet rymmer
fyller bastubikten

Mer vatten!
Mer vatten på elden!
Ur dimman framträder minnen
och i glöden
skrivs bastudikten.

20.
Skotermattan driver fram
genom nysnön på isen
vi stannar till
den nyslipade borren
skär den meterdjupa isen

Efter en timma ger vi upp
frusna kinder av vinden
och nästa snöblinda
kör vi tomhänta hem

Händerna och fötterna
tinar långsamt i bastun
medan vi minns vårdagar
då farfar la ut saxar på älven
hur han med ståltråden
vittjade hålen

Stora lakar och gäddor
som vred sig på isen
de slemmiga fjällen
som glänste i solen.

21.
Efter begravningen
sitter vi tysta
och svettas
dricker stilla och tänker
att man blev som man blev
för ens förfäder var som de var

Vi ser på våra ungar
som nu vuxit upp
och blivit stora
och tänker
att de blir väl som de blir
för man är den man är.

Eldgnistor

Blåisen sjunger
med sin dova knarrande röst
sparkens medar
skridskons skenor
glider över den våta isen
och får benen att darra av skräck

Lakens skugga
skyndar skrämd iväg
under isen
som välver sig i vågor
under mina fötter
innan jag åter glider
över frusna vatten.

Snön faller mättad mot marken
dämpar vägens sorl
det enda jag hör är
granskogens tunga suck

Som ett vitt draperi
drar snöfallet förbi
kapslar in mig
i en tid
då man fortfarande kunde höra
småfåglarna kvittra
och se stjärnorna tindra.

En skopa formad av händer
fylls med vatten ur kallkällan
den svalkande spegeln
ligger inbäddad i mjuk mossa
skuggad
av ormbunkarnas gröna plymer

Smaken av isande järn
jord och mineraler
som filtrerats genom generation
får tänderna att ila.

Vi drar omkring på byn
min bror och jag
vid skolan
där asfalten slutar och börjar
drar en moppe förbi
med jackad kolv
och uppborrad cylinder
vi står kvar
i en rök med smak av
avgas och bensin

Sommarnatten är ljum och ljus
gud har kastat tärning
med några hus
som ligger utspridda
längs grusvägarna

Ett samhälle som sedan länge
blomstrat och slocknat
som ligger tyst och stilla
i den norrländska sommarnatten

Vi passerar Öbergs livs
ett grått eternithus
i ett krossat fönster
hänger skylten Stängt
på sne

Bakom slyn skymtar vi
bagarstugan som står och sjunker ihop
vi går över bandyplan
som blivit en vildvuxen äng
och kanalen som ligger dold

bakom träden
bryggorna murknar
och på botten skymtar man vraken
som blev kvar

Längst ut stannar vi
står ett tag och stirrar
på den spegelblanka älven
kastar några kast med draget
och klunkar mellanöl

Vi står där och tänker
min bror och jag
att det är sig likt
det är som när vi var små
inte ens då
ville gäddorna hugga
skillnaden är väl
att de tjärade bryggorna
murknat och blivit grå.

www.ingramcontent.com/pod-product-compliance
Lightning Source LLC
Chambersburg PA
CBHW030009040426
42337CB00012BA/715